Eric Schmeck

Der Einsatz mobiler Geschäftsprozesse auf mobilen Endgeräten, insbesondere im Hinblick auf den betriebswirtschaftlichen Nutzen

GRIN Verlag

Bibliografische Information der Deutschen Nationalbibliothek:

Die Deutsche Bibliothek verzeichnet diese Publikation in der Deutschen National-
bibliografie; detaillierte bibliografische Daten sind im Internet über http://dnb.d-
nb.de/ abrufbar.

Impressum:

Copyright © 2011 GRIN Verlag GmbH
Druck und Bindung: Books on Demand GmbH, Norderstedt Germany
ISBN: 978-3-640-98748-1

Dieses Buch bei GRIN:

http://www.grin.com/de/e-book/177192/der-einsatz-mobiler-geschaeftsprozesse-
auf-mobilen-endgeraeten-insbesondere

Universität Siegen

Fakultät III

Wirtschaftswissenschaften, Wirtschaftsinformatik

und Wirtschaftsrecht

Projektseminar

<u>Thema</u>

„Der Einsatz mobiler Geschäftsprozesse auf mobilen Endgeräten,
insbesondere im Hinblick auf den betriebswirtschaftlichen Nutzen"

von

Eric Schmeck

Fachsemester 6

Sommersemester 2011

Eric Schmeck

Der Einsatz mobiler Geschäftsprozesse auf mobilen Endgeräten, insbesondere im Hinblick auf den betriebswirtschaftlichen Nutzen

Inhaltsverzeichnis

Abbildungsverzeichnis

Tabellenverzeichnis

1 Einleitung

1.1 Ausgangssituation

Während zum einen das Angebot an mobilen Endgeräten von Jahr zu Jahr wächst (2011 auf rund 10 Millionen Smartphones in Deutschland [Bitkom, 2010]) und zum anderen ebenso das dazugehörige Angebot an mobilen Anwendungen (2011 auf rund 500.000 Anwendungen in Apples App Store [Ziberg, 2011]), müssen sich Unternehmen zunehmend die Frage stellen, inwieweit sie mobile Endgeräte in ihrem Betrieb verwenden sollten.

Betrachtet man insgesamt die Verbreitung dieser Geräte, ist nicht nur eine Verwendung im privaten Bereich, sondern vor allem auch eine zunehmende Anwendung im betrieblichen Bereich zu erkennen. Neuartige Geräte wie Smartphones, Tablet-PCs und Netbooks ermöglichen schnellen und qualitativen Einblick in betriebliche Informationen. Waren es vor einigen Jahren noch klassische Mobiltelefone und PDAs, die den drahtlosen Austausch von Informationen in Unternehmen primär unterstützten, wurden sie zunehmend durch Smartphones ersetzt.

Diese Tendenz des wachsenden Angebots an diversen mobilen Endgeräten auf dem Markt ist vor allem dem Umstand verschuldet, dass das alltägliche Leben zunehmend mobil wird. Untersucht man den Arbeitsalltag vieler Angestellter in Betrieben, zeigt sich das Ausmaß an Mobilität. Der moderne Mitarbeiter muss flexibel und oftmals bereit sein, seinen Aufenthaltsort ständig zu wechseln, um zu anderen Betrieben bzw. Kunden zu reisen, oft auch über Ländergrenzen hinweg. Um auch unabhängig von verkabelten, stationären Telefonen erreichbar zu sein, benötigt der Angestellte ein mobiles Endgerät. Diese Geräte sind in jeder neuen Generation kleiner, leichter und leistungsfähiger. Sie verfügen über integrierte Netzwerkschnittstellen, wie z.B. Bluetooth, WLAN und UMTS und enthalten nach einem Synchronisierungsvorgang die oft hochsensiblen Daten des Unternehmens.

Mobile Endgeräte sind allgegenwärtig bzw. „ubiquitous" [Weiser, 1991] geworden. Unternehmen können sich diesem Faktum nicht entgegenstellen. Jedoch müssen ganz grundsätzliche, betriebswirtschaftliche Fragen in dieser Hinsicht beantwortet werden:

- Welche mobilen Endgeräte kommen für den betrieblichen Einsatz in Frage?
- Wie findet die Kommunikation zwischen Mitarbeiter bzw. mobilen Endgerät und dem Backend des Unternehmens statt?
- Wie funktioniert die Integration der mobilen Komponente in einer bereits bestehenden Geschäftsprozesskette?
- Welche Vor- und Nachteile bestehen im Einsatz und wie hoch ist insgesamt die Kosten-Nutzen-Bewertung mobiler Anwendungen?

1.2 Ziel und Aufbau der Arbeit

Die vorliegende Projektseminararbeit möchte nachfolgend genau diese Fragen beantworten, indem das Hauptthema des Einsatzes mobiler Geschäftsprozesse auf mobilen Endgeräten in Teilkomponente zerlegt wird.

Zunächst wird der Begriff der Mobilität näher erläutert, um einen Einstieg in die grundsätzliche Thematik einzuleiten. Nachfolgend werden die Begriffe „Mobile Business" und „Mobile Commerce" voneinander abgegrenzt, um die wissenschaftliche Einordung des Themas vorzunehmen. Es folgen eine Aufstellung von im Einsatz befindlicher mobiler Endgeräte, ein Überblick über aktuelle Übertragungstechniken, eine Erläuterung der Methode für die Mobilisierung mobiler Geschäftsprozesse und schließlich wird sich mit konkreten mobilen Anwendungen auseinandergesetzt. Diese mobilen Anwendungsmöglichkeiten sind rein exemplarisch, da sie für sich genommen bereits einen hohen Komplexitätsgrad besitzen. Jedoch werden gerade diese Anwendungen am häufigsten in Unternehmen eingesetzt. Mobile Dienste wie E-Mail, SMS, sowie mobiles PIM bilden die Basis für alle weiteren Funktionen. Mobiles ERP und CRM bauen auf ihren klassischen stationären Varianten auf und ermöglichen eine neue Art und Weise der betrieblichen Arbeit.

Abschließend findet eine Aufstellung von Vor- und Nachteilen des Einsatzes mobiler Geschäftsprozesse statt. Dieses Kapitel umfasst die vermutlich betriebswirtschaftlich relevanteste Fragestellung der Kosten-Nutzen-Bewertung. Auf Grund einer solchen Bewertung muss die Unternehmensleitung (bzw. das Controlling) die nicht unerhebliche

Entscheidung über das Ob und wenn ja den Umfang an Investitionen in mobile Endgeräte und mobile Anwendungen treffen.

2 Mobile Endgeräte

2.1 Mobilität

Um in nachfolgenden Unterkapiteln eine hinreichende Klassifizierung aktueller, im Verkauf und Einsatz befindlicher, mobiler Endgeräte für diverse mobile Geschäftsprozesse aufstellen zu können, lohnt sich zunächst eine Erklärung des Begriffes „Mobilität" bzw. des dazugehörigen Adjektivs „mobil". Ist diese Definition aufgestellt, können darauf aufbauend die mobilen Endgeräte als solche näher betrachtet werden.

Der Begriff der „Mobilität" kann als Synonym für Beweglichkeit betrachtet werden [Wermke, et al., 2001 S. 659]. Somit steht „mobil" für beweglich, abgeleitet von dem lateinischen Wort „mobilis", und i.w.S. für tragbar und transportabel. Das System der Mobilität definiert sich nach [Reichwald, et al., 2002 S. 7] durch Raum und Zeit, und lässt sich weiter in physische und informationale Mobilität unterscheiden. Der physischen Mobilität sind hierbei Gegenstände oder Personen zuzuordnen, bei der informationalen Mobilität sind dies Informationen [Meier, 2002 S. 47f.]. Die Unterscheidung innerhalb des Mobile Computing zwischen physischer Mobilität (Bewegung der mobilen Endgeräte im Raum) und logischer Mobilität (Bewegung von Software, also Code und Zuständen) nach [Roman, et al., 2000] wird auf Grund von fehlendem betriebswirtschaftlichem Bezug im Folgenden nicht weiter verfolgt. Stattdessen wird die Unterscheidung der drei Mobilitätsformen Benutzermobilität, Gerätemobilität und Dienstkonnektivität (bzw. Dienstmobilität) nach [Book, et al., 2005] aufgeschlüsselt.

Unter Benutzermobilität versteht man die Freiheit des Benutzers sich im Raum zu bewegen. Dabei sind vier Grade der Benutzermobilität festzustellen: Der Zustand „lokal" entspricht einer räumlich ruhenden Situation des Nutzers, also einer Dienstnutzung am Ort der Bereitstellung. Im „verteilten" Zustand kann auf einen Dienst von einem entfernten Ort aus zugegriffen werden, wohingegen ein „mobiler" Grad eine Stufe weiterführt, zu einer Ausdehnung dieses Bereiches auf mehrere entfernte Orte. Der höchste Zustand „in Bewegung" steht für den Moment, wenn der Benutzer seinen Aufenthaltsort wechselt.

Der Begriff der Gerätemobilität betrifft das Gerät, welches der Nutzer zum Aufbau und Abwicklung der Netzwerkkommunikation (wenn vorhanden) verwendet, also entweder stationäre Desktopcomputer oder mobile Endgeräte. Mobile Endgeräte sind solche Geräte, die „für den mobilen Einsatz konzipiert sind" [Turowski, et al., 2004 S. 2]. Unterschieden werden bei der Gerätemobilität ähnlich wie bei Personenmobilität entsprechend die vier Grade „lokal", „verteilt", „mobil" und „in Bewegung" [BGHS05]. Die Fähigkeit des Gerätes, sich einem oder mehrerer Netzwerke anzuschließen, wächst entsprechend dieser Grade. Bei Geräten, die nur lokal funktionierenden, findet keine Verbindung zum Netzwerk statt. Im „verteilten" Zustand kann es sich mit einem Netzwerk und im „mobilen" Zustand mit mehreren Netzwerken verbinden. Schließlich kann sich das „in Bewegung" befindliche Gerät mit diversen Netzwerken verbinden, während eine Gerät-User-Interaktion stattfindet.

Die „Dienstkonnektivität" unterscheidet ihrerseits zwischen Graden, in diesem Falle zwischen Verfügbarkeitsgraden: Ein Offline-Dienst kann ohne Anbindung an ein Netzwerk genutzt werden, wohingegen Hybrid-Offline-Dienste manchmal, Hybrid-Online-Dienste öfters und reine Online-Dienste jederzeit eine Netzwerkanbindung benötigen.

Die drei eingeführten Definitionen der physischen Mobilitätstypen Personen-, Geräte- und Dienstmobilität (bzw. Dienstkonnektivität nach [Book, et al., 2005]) sind in Abbildung 2.1 dargestellt.

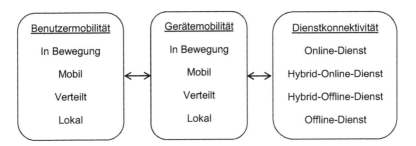

Abbildung 2.1: Die drei Typen der physischen Mobilität

Da die drei zuvor näher beleuchteten Begriffe zur Obergruppe der „Physischen Mobilität" gehören, sei noch die „Informationale Mobilität" hingewiesen, deren Gegenstand Informationen sind. Was der Mobilitätsgrad bei jenen Begriffen war, ist bei diesem Begriff, die Übertragungsart. Die Signalübertragung kann in Anlehnung an [Meier, 2002 S. 49] entweder leistungsgebunden über ein Kabel oder drahtlos, z.B. über WLAN oder etwa UMTS stattfinden. Die leistungsgebundene Übertragungsart wird im Rahmen dieser Arbeit nicht weiter verfolgt, stattdessen werden Endgeräte weiterbehandelt, die mobil, zum Nutzen der mobilen Unternehmung eingesetzt werden können.

2.2 Mobile Business und Mobile Commerce

Da die eingesetzten mobilen Endgeräte einen gewissen Zweck im Unternehmen erfüllen sollen, wird an dieser Stelle eine klare Definition dieses konkreten Zweckes gegeben. Dazu werden die Begriffe Mobile Business und Mobile Commerce voneinander abgegrenzt und derjenige Begriff herausgesucht, mit dem sich diese Arbeit in Bezug auf den Einsatz von mobilen Endgeräten ausrichtet.

Zunächst soll der Begriff Mobile Applikation bzw. die Mobile Anwendung erläutert werden, denn dieser ist als Instrument und wichtiger Bestandteil sowohl von Mobile Business, als auch Mobile Commerce zu sehen. Eine Mobile Anwendung kann geschäftsbezogen oder nicht geschäftsbezogen sein und dient daher nicht von vornhinein dem Profitzweck. Nach [Lehner, 2003 S. 5] ist das wesentliche Merkmal einer Mobile Application, „dass das System des Anwenders drahtlos mit anderen Systemen kommuniziert, welche selbst wieder mit Rechnern über das Internet in Verbindung stehen können."

Der Begriff Mobile Business definiert sich über den praktischen Einsatz einer Mobilen Anwendung in und zwischen Unternehmen: „Mobile Business bezeichnet sämtliche Kommunikationsvorgänge sowie den Austausch von Informationen, Waren und Dienstleistungen über mobile Endgeräte. Diese können zwischen Unternehmen (B2B), Unternehmen und Endkunden (B2C) sowie zwischen Unternehmen und ihren Angestellten (B2E) stattfinden" [Buse, 2002]. Mobile Business kann zudem als Möglichkeit einer Unternehmung gesehen werden, um „die Anbahnung, Aushandlung und Abwicklung von sämtlichen, das Unternehmen betreffenden Geschäftsprozessen [...] auf mobiler Basis abzuwickeln" [Lehner, 2003 S. 6f], wodurch eine Fokussierung auf die wirtschaftsinformatische Grundkomponente des Geschäftsprozesses ersichtlich ist.
Wohingegen Mobile Commerce in erster Linie den Zweck der Geschäftstransaktion fokussiert und sich daher nach [Turowski, et al., 2004 S. 1] als *„[...] jede Art von geschäftlicher Transaktion, bei der die Transaktionspartner im Rahmen von Leistungsanbah-*

nung, Leistungsvereinbarung oder Leistungserbringung mobile elektronische Kommuni-
kationstechniken (in Verbindung mit mobilen Endgeräten) einsetzen" definiert.

Somit leitet sich der Begriff des Mobile Commerce direkt von dem Begriff des Electronic Business (bzw. in moderner Form eBusiness) ab, was als „integrierte Ausführung aller automatisierbaren Geschäftsprozesse eines Unternehmens mit Hilfe von Informations- und Kommunikationstechnologie" [Herden und Zwanziger, 2004] verstanden wird.

Mobile Commerce kann also als Teilmenge des Mobile Business begriffen werden und Mobile Business als unternehmenspraktischer Einsatz von Mobile Applications. Eine grafische Mengeneinteilung der Begriffe Electronic Business, Electronic Commerce, Mobile Business und Mobile Commerce ist auf Abbildung 2.2 zu sehen.

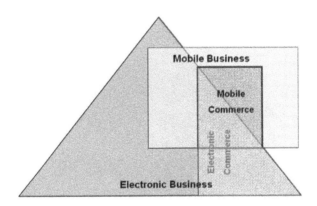

Abbildung 2.2: Grafische Begriffsabgrenzungen [Tiwari, et al., 2007 S. 34]

Da im weiteren vor allem mobile Geschäftsprozesse, die für die mobilen unternehmeri-schen Anwendungen einen überaus hohen Stellenwert besitzen, behandelt werden sol-len, ist vor allem der Begriff des Mobile Business als Leitbegriff zu sehen.

2.3 Typologie mobiler Endgeräte

Mobile Endgeräte zeichnen sich, wie im Kapitel 2.1 herausgearbeitet, vor allem dadurch aus, dass sie dem Anwender physische und informationale Beweglichkeit im und außerhalb des Unternehmens ermöglichen, zum Zwecke des Mobile Business Gedankens. Die Grundfunktion der mobilen Endgeräte liegt dabei in erster Linie in der Kommunikation, und zwar nicht nur der Sprach-, sondern in neuerer Zeit besonders auch der Datenkommunikation [Tschersich, 2010].

Nach [Rupp, et al., 2004 S. 136] lassen sich diese Geräte in vier Kategorien typologisieren, und zwar in Mobiltelefone, PDAs, Tablet PCs bzw. Simpads und Laptops bzw. Notebooks. Weiter wären Smartphones zu nennen, die je nach Sichtweise, entweder eine Erweiterung des Mobiltelefons oder eine Kombination aus Mobiltelefon und PDA darstellen. Abbildung 2.3 zeigt eine Einteilung mobiler Endgeräte in den drei Dimensionen Lokalisierbarkeit, Ortsunabhängigkeit und Erreichbarkeit. Diese drei Faktoren sind insbesondere in Abgrenzung zu stationären Geräten, wie den Desktop PCs von Bedeutung.

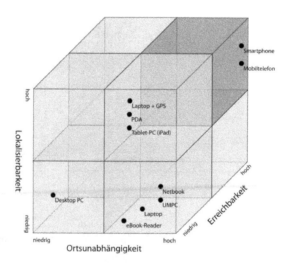

Abbildung 2.3: Die drei Dimensionen der mobilen Endgeräte [Tschersich, 2010]

Den höchsten Grad an Mobilität würden nach dieser dreidimensionalen Einordnung das Mobiltelefon und das Smartphone erreichen. Laptops, Netbooks (die leichtere und günstigere Form des Notebooks), PDAs und Tablet-PCs bieten zwar hohe Ortsunabhängigkeit, jedoch niedrige Erreichbarkeit. Dies ist darauf zurück zu führen, dass es sich bei diesen Geräten um nomadische Endgeräte handelt, die dadurch gekennzeichnet sind, dass die Bedienbarkeit während des Transports nur eingeschränkt gegeben ist [Turowski, et al., 2004 S. 87]. Der Desktop PC ist in dieser Abbildung als Vergleichsobjekt zu sehen, da er im Gegensatz zu mobilen Endgeräten in jeder Dimension nur eine niedrige Positionierung erreicht.

In Anlehnung an die tabellarische Klassifizierung mobiler Endgeräte von [Jannasch, 2005 S. 28] ist in Tabelle 2.1 eine Einteilung von Mobiltelefonen, Smartphones, Tablet PCs, Netbooks und Laptops zu sehen. PDAs sind in dieser Einteilung bewusst weggelassen worden, da sie in heutiger Zeit kaum mehr eine Rolle spielen und durch Smartphones ersetzt wurden.

Die zur Einteilung genutzten Merkmale sind Kategorie, Größe, Gewicht, Prozessorleistung, Akkulaufzeit und schließlich auch der Preis. Wobei gerade letzteres Merkmal ständiger Veränderung unterworfen ist, wird es hier dennoch aufgeführt, um einen aktuellen Überblick über derzeitig verfügbare mobile Endgeräte zu erhalten. Gerade der Preis nimmt für ein Unternehmen einen hohen Stellenwert, wenn es darum geht, Mitarbeiter mit einem Gerät dieses Typs auszustatten.

Kategorie	Mobiltelefon	Smartphone	Tablet PC	Netbook	Laptop
Größe (HxBxT in cm)	11x5x1,6	12x6x0,9	28x19x1,6	19x27x4	35x24x3
Gewicht in Gramm	<100	125	1000	1000-1500	1500-2000
Prozessor		1GHz	1GHz	1,6GHz	2x2GHz
Akkulaufzeit (Standby)	>600h	>300h	<10h	<10h	<7h
Preis in Euro	<100	300-600	500	250	300-700

Tabelle 2.1: Mobile Geräte im Vergleich

Im Fokus stehen bei der Wahl von mobilen Endgeräten vor allem die Merkmale, die dem Anwender und somit auch dem Unternehmen ein hohes Maß an Flexibilität garantieren. Das Gerät sollte also klein und leicht sind. Zudem sollte es schnell genug sein, um die technischen Anforderungen der Applikationen zu erfüllen und günstig genug, um seinen mobilen Mehrwert nicht zu vermindern.

Es ist zu erkennen, dass gerade durch diese Bedingungen Smartphones in den letzten Jahren einen sehr großen Aufschwung nach sich gezogen haben. Die Absatzzahlen von iPhone, HTC, RIM und Co. sind auf mehr als 10 Millionen gestiegen [Briegleb, 2010]. Daher stehen gerade diese mobilen Endgeräte neuerdings im Mittelpunkt, vor allem auch aus der Sicht der Unternehmen, die zunehmend ihre Mitarbeiter mit Smartphones ausrüsten, da sie als Nachfolger der PDAs gelten und zu dem mit Hilfe von Apps und neuester Technik zunehmend die Funktionalität von kleinen Laptops aufweisen.

Waren es vor einiger Zeit noch die Hersteller Nokia, Microsoft, RIM und Palm, die führend auf dem Markt der Smartphones waren [Michel, 2010], und sich vor allem auf Business Kunden ausgerichtet haben, ist die klare Linie zwischen Business und Nicht-Business Smartphones heutzutage nicht mehr so klar zu ziehen.

Der Anwender hat die Wahl zwischen verschiedenen Betriebssystemen. Führend auf dem Bereich der Smartphone Betriebssysteme ist Nokias Symbian (37%), gefolgt von Android (23%) und RIM (BlackBerry) mit 16%, siehe dazu Abbildung 2.4.

Auch wenn Microsoft mit nur 4% mittlerweile nur noch einen recht kleinen Marktanteil besitzt, bietet sich Windows Mobile gerade im Geschäftsbetrieb an, wenn im Betrieb bereits Windows-Rechner im Einsatz sind, womit sich die Smartphones synchronisieren sollen [Michel, 2010]. Außerdem ist Windows Mobile auf vielen Mobilen Datenerfassungsgeräten als Betriebssystem installiert.

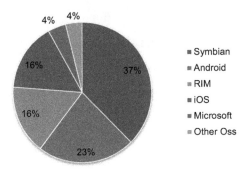

Abbildung 2.4: Smartphone Betriebssysteme (vgl. [Pettey, et al., 2011])

Mobile Endgeräte unterstützen verschiedene Übertragungsarten, wie WLAN, GSM und UMTS, die im Weiteren kurz vorgestellt und definiert werden sollen.

2.4 Übertragungstechniken

Im Folgenden werden die für mobile Endgeräte relevanten drahtlosen Kommunikationsnetze kurz vorgestellt. Allgemein lassen sich diese nach ihrer Übertragungsreichweite einteilen (siehe Abbildung 2.5). In dieser Arbeit relevant sind in erster Linie Mobilfunknetze und Wireless LAN.

Der Mobilfunk ist „eine Form der Telekommunikation, bei der ein Dienstanbieter die Übertragung von Sprache und Daten von und zu mobilen Endgeräten durch ein drahtloses Zugangsnetz auf Basis elektromagnetischer Wellen ermöglicht" [Turowski, et al., 2004 S. 8]. Standardisierte Mobilfunknetze unterliegen einem ständigen Wandel und Fortschritt. Sie lassen sich sehr grob in Generationen einteilen, die somit die historische Weiterentwicklung aufzeigen.

Als erste Generation (1G) werden diejenigen Mobilfunknetze verstanden, die nach dem zweiten Weltkrieg auf nationaler und internationaler Ebene eingeführt wurden und „leistungsvermittelnd und auf reine Sprachübertragung ausgelegt [waren]" [Lehner, 2003 S. 27].

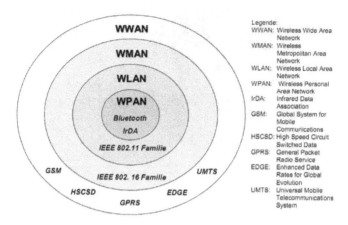

Abbildung 2.5: Drahtlose Kommunikationsnetze [Bulander, 2008 S. 19]

Als typischer Vertreter der zweiten Mobilfunkgeneration (2G) gilt GSM (Global System for Mobile). Als primäres Ziel dieser Generation galt „die Verwirklichung interorganisatorischer Endgerätemobilität" [Küpper, et al., 2004]. Diese Standardisierung erlaubt dem mobilen Nutzer Dienste eines Fremdnetzes zu nutzen und wird als (GSM-)Roaming bezeichnet.

Eine Weiterentwicklung zu dem auf reine Sprachübertragung ausgerichteten GSM-Netzes ist das GPRS (Generel Packet Radio Service), was neben EDGE (Enhanced Data Rates for Global Evolution) einer Vertreter der 2,5G ist. „GPRS ermöglicht, in den bestehenden GSM-Netzen einen paketorientierten Datendienst anzubieten und den drahtlosen Zugang zu IP-basierten Netzen wie beispielsweise dem Internet oder LANs […] zu gewähren" [Lehner, 2003 S. 45].

Aus der dritten Generation (3G) ist vor allem UMTS (Universal Mobile Telecommunications System) zu nennen, welches sich im Vergleich zu GSM durch eine neue Funkschnittstelle auszeichnet [Schiller, 2003 S. 183] und eine sehr hohe theoretische Übertragungsrate von 2 MBit/s besitzt, allerdings nur dann wenn sich nur ein UMTS-Nutzer in einer Funkzelle befindet [ITWissen]. Im Jahre 2011 gibt es laut [Thylmann, et al., 2010] über eine Milliarde UMTS-Kunden weltweit, von insgesamt fünf Milliarden Mobilfunkanschlüssen.

Im lokalen Bereich ist der Übertragungsstandard Wireless LAN, kurz WLAN, von sehr hoher Bedeutung. Die Kommunikation erfolgt über einen Funkzugangsknoten (Access Point), wodurch ein solches Infrastrukturnetzwerk eine Anbindung an ein Fast Ethernet und somit auch an das Internet ermöglicht. Die wichtigsten Übertragungsstandards sind laut [Turowski, et al., 2004 S. 49] die drei IEEE-Normen: IEEE 802.11a mit 6-54 MBit/s, IEEE 802.11b mit 1-11 MBit/s und IEEE 802.11g mit 6-54 MBit/s. Die von IEEE 2009 ratifizierte Norm 802.11n erlaubt einen Datentransfer von bis zu 600 MBit/s [Intel, 2010].

Bluetooth stellt innerhalb des WPAN (Wireless Personal Area Network) eine Verbindung mit einem geringen Übertragungsradius bereit. Der Vorteil dieser Technologie ist es jedoch, dass Punkt zu Punkt Übertragungen möglich sind, sog. Ad-hoc-Netze, die eine möglichst unkomplizierte und schnell eingerichtete Vernetzung ermöglichen.

3 Mobile Geschäftsprozesse

3.1 Geschäftsprozesse

Bevor der Begriff des mobilen Geschäftsprozesses definiert werden kann, soll an dieser Stelle zunächst der Begriff des Geschäftsprozesses beleuchtet werden, zu dem sich in der Literatur sehr viele Definitionen finden lassen, immerhin ist der Geschäftsprozess ein fundamentaler Begriff, gerade für die Informatik und insbesondere der Wirtschaftsinformatik.

Gerade daher lässt sich bei der „Klassifikation nach dem Ursprung des Ansatzes" [Mielke, 2002 S. 7] zwischen diesen beiden Ansätzen unterscheiden:

1) Der Ansatz der Softwaretechnik, die den Geschäftsprozess vor allem als informationstechnischen Begriff des Prozesses sieht, der sich als eine Folge von Aktionen in einem Zustandsraum definiert. Es findet eine Abarbeitung von Anweisungen oder Operationen innerhalb eines Programmes statt [Claus, 2006 S. 522f]. Der Prozess zeigt sich in diesem Ansatz nur als Instrument in der Softwareentwicklung.

2) Die Wirtschaftsinformatik, die den Begriff auf beide Gebiete der Wirtschaft und Informatik gleichermaßen aufspannt, und eine somit ökonomisch praktischere Einstellung zum Geschäftsprozess einnimmt, denn der Geschäftszweck steht hierbei im Vordergrund. Eine gute Definition kann man bei [Davenport, 1993]

finden. Dort ist ein Geschäftsprozess *„a specific ordering of work activities across time and place, with a beginning, an end, and clearly identified inputs and outputs: a structure for action."*

Als weiterer Ansatzpunkt könnte derjenige des Business Engeneering gesehen werden, welcher in Abgrenzung zur reinen Wirtschaftsinformatik nicht nur Entwurf, Entwicklung und Einsatz von Geschäftsprozessen fokussiert, sondern insbesondere die Umgestaltung von Geschäftsprozessen behandelt [ÖsWi03, 13] und damit dem Veränderungsprozess innerhalb der Unternehmung im Zuge der stetigen Weiterentwicklung der Organisations- und Informationstechnik Rechnung trägt.

Die Fülle an Definitionen des Begriffes Geschäftsprozess weist in der einschlägigen eine Mannigfaltigkeit auf und lässt teilweise Ähnlichkeiten und teilweise Unterschiede erkennen. Daher fällt es schwer, eine allumfassende Erklärung zu geben, zumal die Begriffe Geschäftsprozess und Prozess oft synonym verwendet werden. In [Schwickert, et al., 1996 S. 10f] wird der Versuch unternommen eine gemeinsame Betrachtung aller Elemente in eine treffende Definition zu wandeln. Ein Geschäftsprozess bzw. Prozess ist danach *„eine logisch zusammenhängende Kette von Teilprozessen, die auf das Erreichen eines bestimmten Zieles ausgerichtet sind. Ausgelöst durch ein definiertes Ereignis wird ein Input durch den Einsatz materieller und immaterieller Güter unter Beachtung bestimmter Regeln und der verschiedenen unternehmensinternen und –externen Faktoren zu einem Output transformiert. Der Prozeß ist in ein System von umliegenden Prozessen eingegliedert, kann jedoch als eine selbstständige, von anderen Prozessen isolierte Einheit, die unabhängig von Abteilungs- und Funktionsgrenzen ist, betrachtet werden."* Eine grafische Darstellung der Struktur eines typischen Geschäftsprozesses ist in Abbildung 3.1 zu sehen.

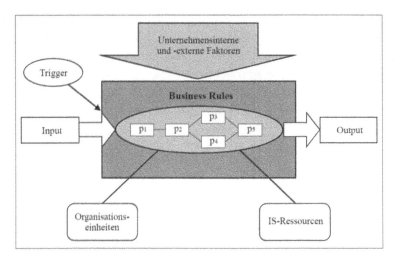

Abbildung 3.1: Struktur des Geschäftsprozesses [Schwickert, et al., 1996 S. 6]

Besonders interessant in Hinblick auf Mobilität eines Geschäftsprozesses ist die Betrachtung der Beziehungen von Geschäftsprozessen untereinander. Es werden nach [Schwickert, et al., 1996 S. 8f] die drei Beziehungsarten Zeit, Logik und Raum unterschieden. Während unter Zeit die Durchlaufzeit und unter Logik die Ablauflogik aufgefasst wird, so ist die räumliche Beziehung besonders interessant zur weiteren Verwendung. Sie betrifft diejenigen Objekte, also Personen und Dinge, die an einem Prozess teilhaben und nicht nur einen stationären, sondern auch einen mobilen Zustand annehmen können.

3.2 Mobilisierung der Geschäftsprozesse

Die Schwierigkeit der Umgestaltung bzw. Weiterentwicklung eines Geschäftsprozesses hin zu einem mobilen Geschäftsprozess entsteht zunächst aus einer geänderten räumlichen Verteilungsstruktur der am Prozess beteiligten und ausführenden Personen. Es liegt also eine „Unsicherheit des Ortes" [Valiente, et al., 2002] vor; betreffend denjenigen Ort, an welchem Entscheidungen getroffen, und sowohl Koordination, als auch Kontrolle erfolgt. Da der Ort vor dem Prozess unbekannt ist, können laut dieser Definition verteilte System, die aus einer fixen Verteilungsstruktur bestehen, nicht als mobil eingestuft werden [Köhler, et al., 2004]. Das bedeutet, dass allein die Tatsache, dass sich ein Prozess an verschiedenen Orten abspielt, nicht implizieren muss, dass es sich dabei zwingend um einen mobilen Prozess handelt. Wenn sich beispielsweise die Prozess ausführenden Personen zwar an unterschiedlichen Orten aufhalten, aber sich statt mit mobilen Endgeräten mittels ihrer stationären Desktop-PCs als Client Zugang zu einem Server verschaffen, findet statt einem mobilen Geschäftsprozess schlicht ein Prozess innerhalb eines starren verteilten Systems statt.

Ein Geschäftsprozess, und damit auch das betriebliche Informationssystem, muss die Unsicherheit des Ortes berücksichtigen. Um dies zu erreichen, muss eine systematische Anpassung der bereits bestehenden Prozessstrukturen stattfinden. Eine Methode zur Identifikation und Analyse von mobilen Geschäftsprozessen findet sich unter dem Begriff des Mobile Process Landscaping, dessen Ziel u.a. das Aufdecken von Nutzenpotenzialen in Bezug auf den Geschäftszweck ist und eine Modellierung verteilter Prozesslandschaften, die auf ein Mobilitätspotenzial hin untersucht werden [Köhler, et al., 2004].

Beginnend mit dem bereits im Einsatz befindlichen Prozessmodell werden diejenigen Prozessteile identifiziert, die einen mobilen Anteil besitzen. Dieser Anteil kann sich in der Art zeigen, dass Prozessbeteiligte räumlich voneinander getrennt sind oder Medienbrüche bestehen. Ein Medienbruch besteht, wenn Mitarbeiter für Informationen beispielsweise an mehreren Stellen nachfragen müssen, bis sie die gewünschten Daten bekommen. Ein direktes Zugreife auf gemeinsame Informationen ist nicht möglich, sondern nur durch Umwege. Ein solcher Zustand ist in Abbildung 3.2 ersichtlich.

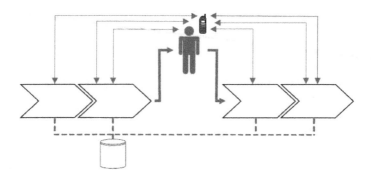

Abbildung 3.2: Fehlende Integration des Mitarbeiters in der Prozesskette [Pousttchi, et al., 2006]

Nur dann, wenn ein mobiler Anteil auszumachen ist, kann das Mobile Process Reengineering starten: Die bereits identifizierten mobilen Prozesse werden zur weiteren Erörterung der Unterstützungsfähigkeit durch mobile Endgeräte analysiert [Köhler, et al., 2004]. Teilprozesse müssen in diesem Schritt überarbeitet und neustrukturiert werden, dazu gehört auch die Schnittstelle zu einem Backend-System, welches dem mobilen Mitarbeiter online Einsichtnahme in gemeinsame Informationen gewährt.

Nach einer sich darauf ergebenen Schnittstellenspezifikation und einer Wirtschaftlichkeitsprüfung, wird die Umwandlung des Geschäftsprozesses einer kostenkalkulatorischen Untersuchung unterzogen. Wenn diese positiv ausfällt, werden die Ergebnisse des mobilen Geschäftsprozesses an die IT zur softwaretechnischen Realisierung weitergereicht.

Eine grafische Darstellung aller benötigten Schritte dieses Verfahrens wird in Abbildung 3.3 dargestellt.

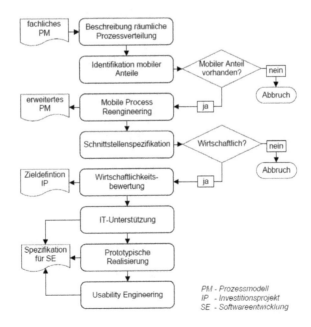

Abbildung 3.3: Vorgehensmodell des Mobile Process Landscaping [Köhler, et al., 2004]

Das Verfahren nutzt die Potenziale der Mobilität aus, die sich in Form von Mobilen Mehrwerten (siehe dazu [Turowski, et al., 2004 S. 161]) darstellen. Wichtig ist allerdings dabei festzuhalten, dass mobile Geschäftsprozesse das Rad nicht neu erfinden, sondern aufbauend auf bestehenden Prozessen arbeiten: „Dabei folgen neue Geschäftsprozesse den Möglichkeiten der neuen Technologie" [Khodawandi, et al., 2003].

Das Ergebnis ist eine vollständige Integration der mobilen Teilprozesse, wodurch sich eine Effizienzsteigerung und eine „Verbesserung an allen drei Ecken des ‚magischen Dreiecks' Zeit – Qualität – Kosten" ergibt [Khodawandi, et al., 2003].

Als Beispiel dieser Verbesserung sei an dieser Stelle ein typisches Szenario eines Servicetechnikers skizziert, der vor der Korrektur des Geschäftsprozesses zu seinem Kunden fährt, ein defektes Gerät reparieren möchte, jedoch nicht alle dafür benötigten Ersatzteile bei sich führt. Er fährt mit den notierten Gerätenummern zurück zu seinem Betrieb und überprüft im Lager das Vorhandensein der Ersatzteile. Danach fährt er wieder zu seinem Kunden und informiert diesen.

Bei einer Umstellung auf mobile Geschäftsprozesse könnte dieser Servicetechniker schon während er bei seinem Kunden ist, mit Hilfe eines mobilen Endgerätes auf die Onlineinformationen des Backend-Systems seines Betriebes zugreifen und dort die Informationen abrufen. Die auf diesen Kunden aufgewendete Zeit wäre gesenkt, die Qualität verbessert und die Kosten (auf beiden Seiten) minimiert worden.

4 Mobile Business Anwendungen

4.1 Mobile Anwendungen zur Kommunikation

Bevor in folgenden Unterkapiteln komplexe Mobile Business Anwendungen, wie mobiles CRM und ERP, beschrieben werden, sollen zunächst grundlegendere Applikationen angeführt werden, die unabhängig der Branche und Zweck einer Unternehmung eine gewisse Grundausrüstung für den mobilen Mitarbeiter darstellen.

Der Einsatz von mobilem PIM (Personal Information Management) in Unternehmen ist sehr verbreitet. So werden heutzutage in über 80% der Unternehmen mobile PIM-Dienste wie E-Mail Versand/Empfang und Synchronisationen verwendet [Berlecon,

2011]. Synchronisationsdienste erlauben es dem Mitarbeiter, seine Daten mit denen der Unternehmung abzugleichen. Zu diesen Daten gehören das Adressbuch, der Kalender, das Notizbuch und die Aufgabenliste [Amberg, et al., 2011 S. 60], die größtenteils in den üblichen E-Mail-Systemen bereits integriert sind. Durch diese Datenaktualisierung wird der mobile Mitarbeiter auf dem neuesten Stand gehalten und bekommt sofortigen Zugriff auf ihn betreffende essenzielle Informationen. So gehören zu diesen auch etwa Telefonnummern und E-Mail-Adressen, die dem Mitarbeiter hilfreich sein können. Eine Beispiel-Applikation für den mobilen PIM-Service ist auf Abbildung 4.1 zu sehen, welche eine Synchronisation von Notizen und Aufgaben aus Outlook ermöglicht.

Im Vergleich zwischen stationären und mobilen Systemen stellt sich heraus, dass PIM-Dienste weit häufiger auf hochwertigen Mobiltelefonen eingesetzt werden als etwa auf Desktop-PCs [Hampe, et al., 2002].

Abbildung 4.1: Screenshots der Applikation iMExchange 2 [Lynass, 2010]

Festzuhalten ist, dass gerade Smartphones es ermöglichen, den Mitarbeiter zeitig zu informieren, denn im Gegensatz zu nomadischen mobilen Endgeräten, deren Nutzbarkeit während des Transportes eingeschränkt sind [Turowski, et al., 2004 S. 87], ist ein Smartphone, wie auch jedes klassische Mobiltelefon, allzeit bedienbar.

Notebooks etwa müssen vor dem Betrieb eingeschaltet werden und sind in der Zeit, wo sich der Benutzer bewegt, zumeist ausgeschaltet. Die Verbindung zum Unternehmen ist in dieser Zeit gekappt und daher wird der Mitarbeiter über ihn betreffende Veränderungen erst dann informiert, wenn er sich z.b. in seinem Hotelzimmer befindet, sein Notebook hochfährt und seine Daten mit denen des Unternehmens synchronisiert.

Somit lassen sich zwei typische Formen der Kommunikation feststellen, die hinsichtlich ihrer zeitlichen Einordnung voneinander zu trennen sind: Die asynchrone und die synchrone Kommunikationsform [Morlang, 2005 S. 74ff]:

- Synchrone Kommunikation zeichnet sich dadurch aus, dass das Senden und Empfangen von Daten zeitgleich stattfindet. Typische Formate sind Klassische Gespräche, Telefongespräche, Chats, VoIP und Instant Messaging (IM)
- Asynchrone Kommunikation findet nicht zeitgleich statt. Das Senden einer Nachricht findet vor dem Empfang statt, wobei zwischen beidem eine gewisse Zeitverzögerung stattfindet. Beispiele hierfür sind Klassische und elektronische Nachrichten, Faxe, sowie Short Message Service (SMS) und die datenumfangreichere Multimedia Message Service (MMS).

Die synchrone Kommunikation ist diejenige, die zu Beginn des Mobilfunks vorherrschte. So war ein mobiler Mitarbeiter vor allem telefonisch zu erreichen, wodurch eine Informationsweitergabe direkt stattfinden konnte. Allerdings findet auf diesem Wege nur eine mündliche Kommunikation statt, sodass der Mitarbeiter sich Anweisungen ggf. merken bzw. notieren muss. Im Gegenteil dazu bekommt der Mitarbeiter mit Hilfe von E-Mail und SMS/MMS-Informationen auf schriftlichem Wege, mit dem Vorteil, dass sich keine Notizen gemacht werden müssen und Information auf Abruf jederzeit erneut angezeigt werden können.

Eine Weiterentwicklung und Synthese von synchroner Kommunikation und asynchronen E-Mails entstanden unter dem Begriff der Push-E-Mail. Der Dienst von Push-E-Mails wurde von Research in Motion (RIS) ins Leben gerufen und auf BlackBerry Smartphones eingesetzt [Amberg, et al., 2011 S. 59]. Mit Hilfe dieses Verfahrens muss keine aufwändige und komplexe Synchronisation initiiert werden, sie erlaubt dem Mitarbeiter E-Mails und andere Services von E-Mail-Systemen wie Adressbücher und Kalender jederzeit und überall abzurufen [Whittaker, et al., 2005]. Die grundsätzliche Verfahrensweise des Push-Prinzips im Gegensatz zum Pull-Prinzips ist auf Abbildung 4.2 zu sehen.

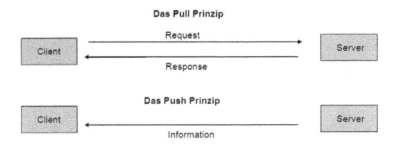

Abbildung 4.2: Das Pull- und Push-Prinzip [Maske, 2009]

Beide Prinzipien basieren dabei auf dem Client-Server-Prinzip. Das Pull-Prinzip bedingt, dass der Client einen Request an den Server schickt, ihn also auffordert bestimmte Informationen zu senden (Beispiel Internet). Im Gegensatz dazu muss beim Push-Prinzip dem Senden von Informationen kein Request vorweg gehen. Stattdessen werden Daten vom Server sofort zum Client gesendet.

Mit diesem Dienst des betrieblichen Informationssystems ist es möglich, Mitarbeiter durch autonome Server ständig „up-to-date" zu halten, ohne dass sich der Mitarbeiter selbst um die Informationsbeschaffung kümmern muss.

Smartphones liefern somit das Potenzial Arbeitsabläufe durch zeitnahe Bereitstellung von Informationen, verbesserte Erreichbarkeit und Vereinfachung der Abstimmungsprozesse zu verbessern und zu beschleunigen [Beurer-Zuellig, et al., 2008].

Auf Abbildung 4.3 ist ein Framework zu sehen, welches eines Überblick darüber gibt, wie mobile Endgeräte auf stationäre Back-End-Systeme zugreifen. Dabei greifen die drahtlosen Geräte auf ein drahtgebundenes Netzwerk der Unternehmung zu, welches sowohl Push- als auch Pull-Modi unterstützt [Aziz, et al.].

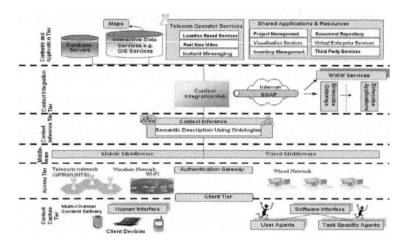

Abbildung 4.3: Ein Framework für kontextsensitive Datenbereitstellung [Aziz, et al.]

Die Vermittlung zwischen Datenbank und Endgeräten übernimmt eine Middleware, die für die Servicebereitstellung eingesetzt wird. Ebenfalls auf dieser Abbildung zu sehen, ist die Möglichkeit des Systems kontextsensitive Daten aufzunehmen und zu verarbeiten. Kontextsensitive Daten sind nach [Burell, et al., 2001] definiert als die Variablen Ort, Zeit, Identität, Profil und Aktivität des Benutzers. Diese zusätzlichen Informationen erlauben dem Informationssystem eine bessere Zuordnung der übermittelten Daten, sind jedoch im Hinblick auf Datenschutz bedenklich.

4.2 Mobiles ERP

Während elementare mobile PIM-Dienste wie E-Mail, Kontaktlisten und Synchronisation in vier von fünf Unternehmen genutzt werden, so ist davon auszugehen, dass hingegen mobile ERP- und CRM-Anwendungen nur in einem von fünf deutschen Unternehmen Verwendung finden [Berlecon, 2011 S. 27]. Dieser Umstand ist vermutlich dem hohen Investitionsaufwand für Auswahl, Kauf und Integration von neuer mobiler Software bzw. Upgrade der bestehenden Systeme verschuldet.

So zeigt sich weiter, dass mobile ERP- und CRM-Anwendungen in erster Linie von großen Unternehmen mit mehr als 500 Mitarbeitern genutzt werden und gerade in solchen Unternehmen, die teils schon mobiles ERP und CRM im Einsatz haben, ist der Bedarf nach einem Ausbau und Investition sehr hoch. Nichtdestotrotz sehen auch kleine und mittelständische Unternehmen einen großen Handlungsbedarf für ihr Informationssystem. Sonstige mobile Anwendungen, wie solche für Lager- und Logistik, sowie Collaborations-Anwendungen befinden sich hinsichtlich eingeschätztem Handlungsbedarf und Investitionsplänen seitens der Unternehmen abgeschlagen auf den hinteren Rängen. [Berlecon, 2011 S. 28f]

Im Weiteren wird das mobile CRM, welches etwa gleichauf mit dem mobilen ERP in der Gunst neuer Investoren steht, zurück gestellt und zunächst das mobile ERP vorgestellt.

Der simpelste Ansatz eines mobilen ERPs ist es, einem Mitarbeiter Zugang zu einer Software zu gewähren, indem durch das mobile Endgerät eine Verbindung zum ERP-System hergestellt wird [Dospinescu, et al., 2008].

An dieser einfachen Herangehensweise zeigt sich, dass für die Mobilisierung von Geschäftsprozessen keine vollkommene Neuentwicklung von Software stattfinden muss (wie bereits in Kapitel 3.2 herausgestellt). Vielmehr wird ein bereits bestehendes Informationssystem den neuen technologischen Gegebenheiten angepasst, indem es nun nicht mehr nur auf User-Befehle reagiert, die von einem kabelgebundenen Client ausgeht, sondern auch auf Anfragen seitens drahtloser mobiler Endgeräte antwortet.

Entsprechend dieser Leitidee erfolgt also erst eine kurze Darstellung von klassischen ERP-Systemen. Die Ergänzung folgt daraufhin dahingehend, dass das Konzept des ERP mit den Mobilitätsanforderungen kombiniert wird.

Zur Klärung des Begriffs ERP (Enterprise Resource Planning) werden drei Begriffsdefinitionen herangezogen und voneinander abgegrenzt:

1. Nach [Ritter, 2005 S. 15] bezeichnet der Begriff ERP die unternehmerische Aufgabe, die in einem Unternehmen vorhandenen Ressourcen (Kapital, Personal, Betriebsmittel) möglichst effizient und wirtschaftlich unter Berücksichtigung der jeweiligen Branchenanforderungen einzusetzen.
2. [Kurbel, 2011 S. 4] definiert ein ERP-System als *„meist sehr großes Anwendungssystem, das die wesentlichen Funktionen und Geschäftsprozesse eines Unternehmens auf den verschiedenen Planungs- und Steuerungsebenen unterstützt. Es löst Aufgaben entweder selbstständig oder stellt Benutzern auf den*

verschiedenen Organisationsebenen geeignete Informationen zur Verfügung, die sie zur Lösung ihrer Aufgaben benötigen."

3. Eine weitere Definition findet sich bei [Pietsch, et al., 2007 S. 125]: *„Ein ideales ERP-System ist eine Software, die alle Daten aller Unternehmensbereiche verwaltet und alle Kernfunktionen eines Unternehmens in integrierter Form abbildet, so dass das maximale Potential zur Unterstützung des Unternehmens in der Erreichung seiner Ziele ausgeschöpft wird."*

Aus der ersten Definition geht bereits hervor, dass ERP vorranging der Effizienzsteigerung und Kostenreduktion dient. Durch den Einsatz können die Ressourcen eines Unternehmens besser genutzt werden. Die zweite Definition fokussiert primär die informationstechnische Grundlage des ERP. Es handelt sich also um eine Software, die dazu genutzt wird, Geschäftsprozesse ganz oder teilweise zu automatisieren. Die Unterstützung der wichtigsten Geschäftsprozesse innerhalb der Planung und Steuerung tritt dadurch in den Vordergrund. Die dritte Definition kombiniert die beiden vorher genannten Definitionen dahin gehend, dass die betriebswirtschaftliche Effizienzsteigerung mit softwaretechnischen Mitteln erreicht werden soll. Sehr wichtig ist gerade bei dieser Definition der Integrationscharakter, siehe dazu Abbildung 4.4. Das ERP interagiert auch mit anderen Anwendungen wie SCM und CRM oder inkludiert sie.

Auf den Abbildungen nicht zu sehen ist die von allen Anwendungen des Unternehmens verwendete zentralisierte Datenbank mit dem dazugehörigen Datenbankmanagementsystem (DBMS), auf dessen Daten jede Anwendung zugreift.

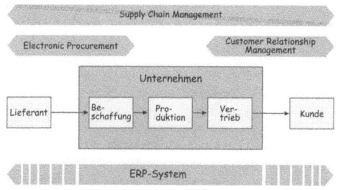

Abbildung 4.4: ERP und weitere Anwendungssysteme [Stahlknecht, et al., 2005 S. 328]

Das ERP besteht zunächst aus einem Basissystem. Dieses wird um funktionsbezogene Module wie Externes Rechnungswesen, Beschaffung, Controlling, Produktionsplanung und –steuerung, Vertrieb und Projektmanagement erweitert [Stahlknecht, et al., 2005 S. 327]. Das ERP-System führt alle Kernaufgaben der Unternehmung zusammen und managt diese teils heterogenen Systeme.

Klassische Aufgaben der Materialwirtschaft (Mawi), wie Materialdisposition und Lagerhaltung, eignen sich besonders für den Einsatz in ERP-Systemen. Der potentielle Nutzen einer effizienten Materialwirtschaft ergibt sich unabhängig von Größe und Branche eines Unternehmens, denn jedes Unternehmen benötigt einen Überblick über alle eingesetzten Materialien bzw. Artikel. Elementare Informationen über diese Artikel ergeben sich aus den eher statischen Stamm- und den eher dynamischen Bewegungsdaten. Stammdaten sind z.B. Artikelnummer, Bezeichnungen, Abmessungen, Gewicht, Preise, etc. Bewegungsdaten hingegen sind z.b. Lagerzugangs- und –abgangsdaten. Stücklisten werden auf Basis dieser Grunddaten erzeugt und dienen als Grundlage für die Produktionsplanung- und steuerung (PPS). [Gronau, 2010 S. 67ff]

Die PPS-Komponente des ERP unterstützt auf Seiten der Planung die Erstellung des Fertigungsplans, die Festlegung des Primär- und Sekundärbedarfes, sowie die Termin- und Kapazitätsplanung. Auf Seiten der Steuerung erfolgt die Auftragsfreigabe, die Reihenfolgeplanung auf Basis von Prioritätsregeln und schließlich die Auftragsüberwachung. [Holthoefer]

Betriebswirtschaftliche Ziele der PPS-Komponente sind nach [Kurbel, 2011 S. 25ff] klassischerweise: Kurze Durchlaufzeiten, hohe Termintreue, niedrige Lagerbestände, Flexibilität, hohe Produktqualität und Senkung der Fertigungskosten.

Betrachtet man den Markt für ERP-Software zeigt sich, dass vor allem SAP marktführend ist, insbesondere auf dem deutschen aber auch auf dem weltweiten Markt. In deutschen Industriebetrieben mit mehr als 500 Mitarbeitern wird in 69,4% der Fälle eine ERP-Software von SAP eingesetzt (z.B. SAP R/3 / mySAP / ERP 6.0). Dabei liegt SAP gerade in deutschen Großbetrieben weit vor Konkurrenten wie Infor (15,3%), Oracle (10,8%), Mircosoft (8,8%) und Sage bäurer (6,1%). [Konradin, 2009]

Eine Weiterentwicklung von ERP stellt das Konzept des ERP II dar, das sich vor allem durch eine Öffnung nach außen auszeichnet, siehe Abbildung 4.5.

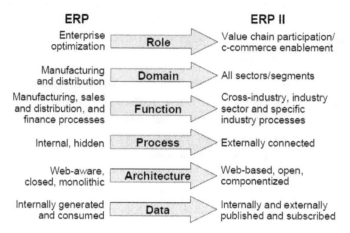

Abbildung 4.5: Prognostizierte Weiterentwicklung von ERP zu ERP II [Bond, et al., 2000]

Diese Grundausrichtung des ERP II, der Offenheit und Interoperabilität, dient auch als Ansatzpunkt für mobiles ERP. Während einerseits die praktische Weiterentwicklung von ERP zu dem theoretischen Konzept des ERP II noch nicht eingetroffen ist [Gronau, 2010 S. 4], ist andererseits die Anpassung des ERP an mobile Endgeräte in den Unternehmen bereits erfolgt. Es hat sich geradezu ein völlig neuer Markt für mobilisierte ERP Lösungen oder Middleware Anwendungen gebildet, wobei dieser Markt noch in einer frühen Entwicklung steckt [Dospinescu, et al., 2008].

Die wichtigste technische Anforderung für den mobilen Zugriff auf ein ERP-System ist die Darstellung von Informationen in mehreren Formaten. Mobile und drahtlose Geräte sind ausgestattet mit verschiedenen Browsern, die verschiedene Medien-Formate unterstützen. Es ist daher notwendig, die Inhalte in verschiedenen Markup-Sprachen, wie sie WML, XHTML oder HTML liefern, zu unterstützen. Eine Architektur sollte es einfach machen, ohne Änderung der bestehenden Struktur neue Formate hinzuzufügen. Nachdem sich ein User durch Menüs geklickt hat und dabei zahlreiche Requests an das ERP-System aufgebaut hat, muss ebenso ein Respone auf Serverseite an den Client erfolgen und von diesem verarbeitet werden können. Das Mittel der Wahl ist in diesem Austauschprozess das XML-Format. [Kurbel, et al., 2003]

Eine generalisierte Architektur hierzu ist in Abbildung 4.6 zu sehen. Das mobile Endgerät empfängt die Daten der ERP-Datenbank über eine Content Access Engine. Das DBMS wandelt die entsprechenden Tabellen in XML um und schickt diese Daten an die mobilen Endgeräte, welche diese mit Hilfe einer Content Extraction Engine wieder entschlüsseln. Dieses Verfahren ist auch symmetrisch, vom Client zum Server, möglich. Dabei erfolgen Clientseitig Aufrufe von ERP-Funktionen.

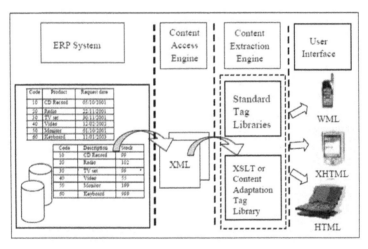

Abbildung 4.6: Architektur für mobiles ERP [Kurbel, et al., 2003]

Das Hauptproblem bei der Nutzung von mobilen Endgeräten dürfte, insbesondere in Hinsicht auf die Komplexität von Systemen wie ERP, die Darstellung sein. Smartphones erreichen beispielsweise nur relativ niedrige Auflösungen. Daher bieten sich zwei Optionen an: Entweder es wird eine spezielle Applikation mit einer den Auflösungen entsprechenden Benutzeroberfläche programmiert oder aber es erfolgt ein Zugriff über HTML/XML mit dem Einsatz von Cascading Style Sheets (CSS) [W3C].

Mit Hilfe von CSS erfolgt eine prinzipielle Trennung von Inhalt und Layout. Somit ist es möglich, die gleiche Programmierlogik sowohl auf stationären Desktops, als auch auf mobilen Bildschirmen zu verwenden, während für beide Varianten unterschiedliche Darstellungen verwendet werden. Nicht nur individuelle Schriftart, -größe und –farbe sind möglich, sondern sogar freie Positionierung von Elementen und auch z.B. verschiedene Hintergrundbilder. [Uni-Giessen]

Abbildung 4.7: Screenshots der Applikation Mobile ERP [Flowgistics, 2010]

Die besondere Schwierigkeit in der Darstellung auf mobilen Endgeräten ist, nicht nur in Bezug auf mobiles ERP, sondern allgemein bezogen auf mobile Anwendungen, die Darstellungsmaske auf die wirklich wichtigen Informationen zu reduzieren und dem Benutzer ein hohes Maß an Benutzbarkeit zu garantieren. Viele große Systemhäuser konnten diese harte Anforderung noch nicht auf ihr ERP System umsetzen, um es mobilfähig zu designen. Auf Abbildung 4.7 sind Screenshots Applikation Mobile ERP, die zwar noch keinen besonders hohen Funktionsumfang garantiert, jedoch einen kleinen Einblick auf die wohlbedachte Einfachheit der Eingabemaske gewährt.

4.3 Mobiles CRM

Einen ähnlich hohen Stellenwert wie ERP hat in sehr vielen Unternehmen das Customer-Relationship-Management (CRM), mit dem Unterschied, dass CRM im Gegensatz zu ERP nicht hauptsächlich in Industriebetrieben eingesetzt wird, sondern branchenunabhängig Verwendung findet. Im Vergleich zu ERP wird auch CRM vor allem in größeren Unternehmen eingesetzt und bedingt, dass eine ausreichend große Datenbank vorhanden ist, auf dessen Daten die Anwendung jederzeit zugreifen und bestimmte Abfragen darauf starten kann.

Dem Muster des vorherigen Kapitels folgend, wird nun zunächst eine Definition und Erläuterung des Begriffs CRM geleistet, danach wird auf die spezielle Ausprägung des mobilen CRM näher eingegangen.

Betrachtet man die Literatur, die das Marketing betrifft, und diejenige, die das Feld der Wirtschaftsinformatik betrifft, zeigt sich, dass noch keine einheitliche Definition für den Begriff des CRM zu finden ist, zu hoch ist das Maß an Breite und Heterogenität [Alt, et al., 2005].

Eine Definition findet sich bei [Holland, 2001]: *„CRM ist zu verstehen als ein strategischer Ansatz, der zur vollständigen Planung, Steuerung und Durchführung aller interaktiven Prozesse mit den Kunden genutzt wird."* Diese eher grobe Begriffsannäherung zeigt in erster Linie die betriebswirtschaftliche Ausrichtung des CRM. Es wird als „strategischer Ansatz" statt eines integrierten Systems verstanden, sodass eine informationstechnische Betrachtung des CRM nicht stattfindet. Eine dahingehende Betrachtung liefert [Schulze, et al., 2000]. Dort wird *„CRM als kundenorientierter Managementansatz begriffen, bei dem Informationssysteme die Informationen für operative, analytische und kooperative CRM-Prozesse integriert bereitstellen und damit zur Verbesserung von Kundengewinnung, -bindung und -profitabilität beitragen."* Diese Definition liefert die Einteilung der grundlegenden CRM-Prozesse (Beschreibungen aufbauend auf [Alt, et al., 2005]):

- Das operative CRM ist die praktische Ausprägung der betrieblichen Bemühungen seitens des Marketing und des Vertriebs. Beispielsweise zählen hierzu das Kampagnenmanagement, sowie Außendienstaktivitäten und Call-Center-Unterstützung.
- Hauptaufgabe des analytischen CRM ist die Auswertung von Kundendaten. Wichtige Schlagworte sind in diesem Bereich das Data Warehousing und das Data Mining. Mit diesen Verfahren können essenzielle Informationen herausgefiltert und statistisch aufbereitet werden.
- Das kooperative bzw. kommunikative CRM konzentriert sich auf die Kundeninteraktionskanäle, um diese zu unterstützen und zu synchronisieren.

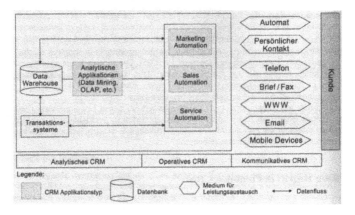

Abbildung 4.8: Architektur eines CRM-Systems [Houy, et al., 2010 S. 128]

Nachdem somit eine Grobgliederung der wichtigsten Funktionsbereiche innerhalb des CRM dargelegt wurde, kann nun eine begriffliche Abgrenzung der Kundenbeziehungen stattfinden, die den grundsätzlichen Charakter der Kundenausrichtung und – fokussierung des CRM aufzeigen. Zu unterscheiden ist nach [Kraft, 2007 S. 11f] prinzipiell zwischen Kundennähe, Kundenzufriedenheit und Kundenbindung:

- Die Kundennähe umfasst die qualitativen Faktoren bezüglich des Produktes, der Dienstleistung, der Prozesse und der Beratung, sowie das Maß an Flexibilität und Offenheit im Kundenumgang. Eine hohe Kundennähe impliziert, dass das Unternehmen positiv im Gedächtnis des Kunden bleibt.
- Positive oder auch negative Kundenzufriedenheit ergibt sich seitens des Kunden im Vergleich des Soll- zum Ist-Zustand. Werden die Erwartungen des Kunden an ein Produkt erfüllt, ergibt sich eine positive Zufriedenheit. Das häufigste angewandte Modell dazu ist das C/D-Paradigma.
- Das Konzept der Kundenbindung verfolgt einen langfristigen Prozess, in dem der Kunde von dem Produkt derart überzeugt ist, dass er es immer wieder kauft, bzw. die Dienstleistung fortan priorisiert in Anspruch nimmt.

Der ökonomische Mehrwert bei Steigerung der drei vorangestellten Ausrichtungen wird durch den Begriff des Kundenwerts ausgedrückt. Empirische Studien zeigen, dass eine Korrelation zwischen Kundennähe, -zufriedenheit und –bindung hin zum Kundenwert besteht. Festzustellen ist ein systematisches Beziehungsgefüge. Die drei Beziehungsty-pen erklären Kundenentscheidungen bezüglich der Fragen: Kaufen? Wenn ja, wie viel? Und wie lange?

Auf Abbildung 4.9 ist ein Screenshot aus der marktführenden CRM-Anwendung „SAP CRM" zu sehen. SAP-Anwendungen basieren auf dem hauseigenen Framework Netweaver, welches aus einem ABAP-, sowie einem Java EE-Applikationsserver be-steht. Durch die offene webbasierte Plattform können auch andere Systeme, die nicht von SAP stammen angeschlossen werden. [Manhart, 2009]

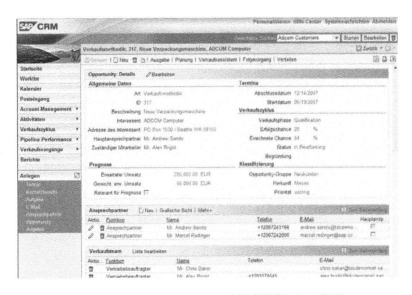

Abbildung 4.9: Screenshot aus SAP CRM [Manhart, 2009]

Um an dieser Stelle den Übergang zum mobilen CRM zu finden, wird eine letzte Defini-tion des Begriffs CRM gegeben: *„CRM ist eine kundenorientierte Unternehmensstrate-gie, die mit Hilfe moderner Informations- und Kommunikationstechnologien versucht, auf lange Sicht profitable Kundenbeziehungen durch ganzheitliche und individuelle Marke-ting-, Vertriebs- und Servicekonzepte aufzubauen und zu festigen."* [Hippner, et al., 2006]

In dieser Definition wird deutlich, dass modernes CRM den Einsatz von mobilen IKT, also mobilen Endgeräten, voraussetzt. Somit wird deutlich, dass das moderne CRM bereits aktuelle Technologien hinsichtlich Mobilität und Ubiquität hinreichend impliziert. Der Schritt hin zum mobilen CRM (oder kurz mCRM) ist daher nicht weit. In erster Linie konzentriert sich jedoch der Begriff des mobilen CRM nur auf einen ganz speziellen Funktionsbereich des CRM, nämlich auf das kommunikative CRM. Sowohl das analytische, als auch das operative CRM sind nicht maßgeblich für mobiles CRM, vielmehr bieten diese Bereiche die Datengrundlage, die später auf dem mobilen Endgerät abgerufen werden kann.

Da die Literatur zwei grundsätzlich verschiedene Auffassungen über den Begriff des mobilen CRM unterscheidet, wird zunächst eine umfassende Definition gegeben, bevor zwischen den beiden Auslegungsformen klar getrennt wird.

„Mobiles Customer Relationship Management (mCRM) unterstützt das Kundenbeziehungsmanagement eines Unternehmens in den kundenbezogenen Bereichen Marketing, Vertrieb und Service durch den Einsatz mobiler Informations-, Kommunikations-, Transaktions- und Applikationsdienste an sämtlichen Kundenkontaktpunkten." [Houy, et al., 2010 S. 130]

Grundsätzlich sind für die nähere Betrachtung des mobilen CRM nun die Mobilitätsgrade von Kunde und Mitarbeiter interessant. Während [Hampe, et al., 2002] noch insgesamt neun Zustandskombinationen differenzierten, reduziert sich die Anzahl an relevanten Kombinationen bezüglich mobilen CRMs im Prinzip auf nur noch zwei: Entweder ist der Mitarbeiter mobil und der Kunde stationär oder aber der Mitarbeiter ist stationär und dafür der Kunde mobil. In der ersten Sichtweise steht der klassische Außendienstmitarbeiter im Fokus, der nun mit Hilfe mobiler Endgeräte Zugriff auf Kundendaten besitzt, während er beim Kunden vor Ort ist. Bei der zweiten Sichtweise ist der Kunde Besitzer des mobilen Gerätes und das kommunikative CRM nutzt diese Möglichkeit, um den mobilen Kunden z.B. mit Werbung per SMS zu erreichen.

Im Weiteren wird die Quelle [Houy, et al., 2010 S. 130] herangezogen. Die Autoren geben eine tabellarische Übersicht über die Teilbereiche innerhalb des mobilen CRM und stellen exemplarische Einordnungsmöglichkeiten bereit. Ergänzt werden diese Ausführungen mit der Quelle [Ennigrou, 2002 S. 236ff].

Nachfolgend werden alle Punkte aufgeteilt in beide Sichtweisen zusammengefasst dargestellt:

Der Außendienstmitarbeiter hat im mobilen CRM...	Der Kunde wird im mobilen CRM...
• Zugriff auf Kundendaten, Produktdaten, Unternehmensdaten, Auftragsinformationen und Produktkonfiguratoren. • Zugang zu ausgewerteten Informationen von Kunden und Konkurrenten. • Informationen zu Promotionen und Kampagnen. • Die Möglichkeit, Angebote zu generieren, Aufträge direkt anzulegen und drahtlos an die Auftragsbearbeitung zu übermitteln. • Ein elektronisches Adressbuch mit Informationen zu internen, sowie externen Ansprechpartnern • Ein Navigationssystem, mit dem er schnell und effektiv zu seinen Kunden gelangt.	• Mit aktuellen Produktinformationen versorgt. • Darüber informiert, wann die Ware voraussichtlich geliefert wird. • Durch Werbekampagnen angeregt, sich mit dem Unternehmen über sein mobiles Endgerät in Kontakt zu treten. • Mit teils individueller Werbung z.B. per SMS und MMS angesprochen. • Mit Informations- und Servicedienstleistungen versorgt.

Tabelle 4.1: Funktionen des mobilen CRM

Unternehmen und Kunde sind zusammenfassend gesagt durch das mobile Endgerät mit einander fest verbunden. Es wird durch das mobile CRM eine neue Art der Kundenbeziehung erreicht, in der das Konzept der Kundenzufriedenheit stark mit neuen Technologien verknüpft ist. Dies hilft Unternehmen neue Kundenbeziehungen zu erwerben, zu halten und dauerhaft zu festigen. Darüber hinaus werden Marketing-Strategien unterstützt, die das Verständnis der Bedürfnisse der Kunden in den Vordergrund rücken und den Außendienstservice grundlegend verbessern wollen. Die Mobile Kommunikation als Grundlage des Mobile Business Gedankens steht an der wichtigen Position, den Grad der Kundenzufriedenheit, in Ausprägung etwa des mobilen CRMs dauerhaft zu erhöhen. [Hsu, et al., 2008]

Auf Abbildung 4.10 sind zwei Screenshots von mobilen CRM-Systems zu sehen. Die Anwendung „CWR Mobile CRM" (links) erlaubt eine schnelle mobile Verwendung des Microsoft Dynamics CRM. Die zweite Applikation „Sybase Mobile Sales for SAP CRM" (rechts) ermöglicht Zugriff auf das SAP® Customer Relationship Management-System.

Abbildung 4.10: Links ein Screenshot der iPhone-Applikation „CWR Mobile CRM für Microsoft Dynamics CRM" [CWR Mobility BV, 2011], sowie rechts ein Screenshot der mobilen Anwendung „Sybase Mobile Sales for SAP CRM" [Handy-FAQ.de, 2010]

5   Vor- und Nachteile des Einsatzes mobiler Anwendungen

Das folgende Kapitel stellt die Vor- und Nachteile mobiler Anwendungen und somit auch mobiler Geschäftsprozesse systematisch gegenüber. Bevor diese Argumente aufgelistet werden, sollten zunächst die Erwartungen der Unternehmen dargestellt werden. Nur bei dieser Reihenfolge lässt sich abwägen, inwiefern Erwartungen und objektive Argumente zusammen passen. Auf dieser Basis kann im Nachhinein eine kurze Kosten-Nutzen-Bewertung stattfinden. Die Ergebnisse aus diesem Darstellungsprozess bilden zusammen mit den vorherigen Kapiteln die Grundlage für die abschließende Zusammenfassung dieser Arbeit.

Zunächst sind in Abbildung 5.1 Soll- und Ist-Zustand dargestellt. Es ist ersichtlich, dass Unternehmen, die bereits mobile Anwendungen einsetzen, ihren Nutzen schätzen und weiteren Handlungsbedarf sehen. Dies trifft sowohl auf mobile Office-Anwendungen und Anwendungen zur Zeiterfassung und Einsatzplanung zu, als auch sehr stark auf mobile ERP-Anwendungen. Weniger gefragt sind CRM und Collaborations-Anwendungen. Im Gegensatz zu dieser Tendenz bei Unternehmen, die bereits mobile Anwendungen einsetzen, zeigt sich auf der anderen Seite bei Unternehmen, die diese noch nicht einsetzen, dass mobiles CRM gefragt ist. Allgemein zeigt sich eine Lücke zwischen Handlungsbedarf und Investitionen. Unternehmen erkennen den Nutzen, aber halten sich bei der Investition oft zurück. Bei dem Einsatz von Office-Anwendungen und Anwendungen zur Zeiterfassung und Einsatzplanung sind der niedrige Investitionsgrad aber oft dadurch begründet, dass bereits hinreichende mobile Anwendungen im Einsatz sind.

IT-Anwendung	Handlungsbedarf, Investitionspläne	Ja, im Einsatz	Nein, nicht im Einsatz	gesamt
Office-Anwendungen	Handlungsbedarf	46	7	29
	Investitionen	13	2	8
Anwendungen zur Zeiterfassung und Einsatzplanung	Handlungsbedarf	53	17	25
	Investitionen	7	13	11
CRM-Anwendungen	Handlungsbedarf	24	23	23
	Investitionen	24	9	12
ERP-Anwendungen	Handlungsbedarf	65	10	21
	Investitionen	43	6	14
Lager- und Logistikanwendungen	Handlungsbedarf	43	8	15
	Investitionen	27	6	10
Collaboration-Anwendungen	Handlungsbedarf	33	7	13
	Investitionen	31	4	10

Anmerkung: Anteil (gewichtet) in Prozent der Unternehmen (ab 50 MA), n=169.
Lesehilfe: Insgesamt sehen 29% der Unternehmen bei mobilen Office-Anwendungen für sich Handlungsbedarf. In Unternehmen, bei denen dies bereits eingesetzt wird, sehen 46% der Unternehmen für sich einen weiteren Handlungsbedarf.

© PAC 2011

Abbildung 5.1: Handlungsbedarf an und Investitionspläne für mobile IT-Anwendungen [Berlecon, 2011 S. 29]

Werden Unternehmen nach dem potenziellen Mehrwert mobiler IKT-Lösungen befragt, zeigt sich, dass die erwarteten Vorteile vor allem auf die Verbesserung von Geschäftsprozessen Bezug nehmen. Die häufigsten Gründe, die sämtlich in diese Kategorie fallen, sind: Die Erhöhung der Flexibilität, die Verbesserung der Informations- und Servicequalität, Effizienzsteigerung und Interne Prozessoptimierung bzw. –beschleunigung. [Büllingen, et al., 2010 S. 94]

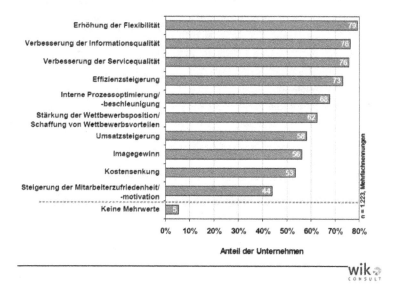

Abbildung 5.2: Potenzielle Mehrwerte mobiler IKT-Lösungen [Büllingen, et al., 2010 S. 94]

Die Abbildung 5.2 zeigt diese Einschätzungen bei kleinen und mittleren Unternehmen, jedoch zeigen sich diese auch bei großen Unternehmen. Denn besonders Prozessoptimierung lohnt sich bei Unternehmen mit einer Vielzahl an Geschäftsprozessen.

Die Liste an Argumenten für oder gegen den Einsatz von mobilen Anwendungen ist teilweise dahingehend zu differenzieren, dass Unterschiede etwa zwischen mobilem ERP und mobilem CRM bestehen. Jedoch wird an dieser Stelle eine Sammlung von Vor- und Nachteilen zusammengestellt, die größtenteils übergeordneter Natur ist, wodurch sie für die meisten mobilen Anwendungen ihre Gültigkeit bewahrt. Zusammengetragen wurden die Stichpunkte aus mehreren Quellen, in erster Linie sind dies [Amberg, et al., 2011], [Turowski, et al., 2004], [Fuchs, et al., 2008] und [Kurbel, et al., 2006].

Nachfolgend dargestellt ist die abgebildete Gegenüberstellung von Vor- und Nachteilen:

Vorteile beim Einsatz von mobilen Anwendungen	Nachteile beim Einsatz von mobilen Anwendungen

• Grundlegende Mobile Mehrwerte (MAV) nach [Turowski, et al., 2004 S. 157f]:
   o Allgegenwertigkeit bzw. Ortsunabhängigkeit (Ubiquität)
   o Kontextsensitivität
   o Identifizierungsfunktionen
   o Telemetriefunktionen
 • Anwenderfreundlichkeit (Touchscreen und selbsterklärende, minimaldesignte Eingabemasken setzen kaum Vorwissen beim Anwender voraus)
 • Echtzeitkommunikation
 • Flexibilität (Ergebnis aus örtlicher Unabhängigkeit und Datenaktualität)
 • Kundenzufriedenheit (individuelle Produktauswahl, aktuelle Daten)
 • Strukturelle Prozessverbesserungen (direkte Auftragserstellung und -bearbeitung, Verkürzung der Wartezeiten auf beiden Seiten)
 • Verringerung von Medienbrüchen
 • Gesteigerte Prozesstransparenz
 • Kosteneinsparungen (bedingt durch Zeitersparnis und Ressourcenschonung)
 • Qualitätsverbesserungen
	• Mobile Sicherheit (Angriffe von außen: Sabotage, Spionage durch Trojaner, Würmer und Viren)
	 • Möglichkeit des Verlusts des Geräts (somit auch Verlust von sehr wichtigen Daten des Unternehmens)
	 • Gefährdung der Privatsphäre (bedingt durch GPS-Daten und weiteren kontextsensitiven Daten)
	 • Anwenderakzeptanz bei nicht-technologieaffinen Mitarbeitern
	 • Einschränkung der Unternehmenskommunikation -> Unternehmenskultur (direkte Gespräche zwischen Mitarbeitern „von Angesicht zu Angesicht" werden seltener, Verlust von sozialen Gefügen innerhalb des Unternehmens)
	 • Schwierigkeit der Integration in ein bestehendes Informationssystem
	 • Unvertretbare Kosten (Anschaffungs- und Umstellungskosten, Schulungen, laufende Betriebskosten)

Tabelle 5.1: Vor- und Nachteile beim Einsatz von mobilen Anwendungen

Aus diesen Pro- und Kontra-Argumenten ergibt sich zwangsläufig eine unerlässliche Kosten-Nutzen-Bewertung, um objektiv beurteilen zu können, ob und wenn ja in welchem Maße mobile Anwendungen im Unternehmen Verwendung finden sollten.

Eine solche Kosten-Nutzen-Bewertung kann für ein IT-Projekt analog zu anderen Projekten des Unternehmens mit Hilfe eines Kennzahlensystems ermittelt werden. Unter Kennzahlensystemen *„versteht man die Gesamtheit von geordneten Kennzahlen, die die Zusammenhänge zwischen verschiedenen Größen aufzeigen und so betriebswirtschaftlich sinnvolle Aussagen über Unternehmungen und ihre Teile vermitteln"* [Gladen, 2003 S. 91]. Anforderungen an ein solches Kennzahlensystem sind insbesondere Übersichtlichkeit, Genauigkeit und Transparenz. Weit verbreitet sind in der Betriebswirtschaft die Kennzahlensysteme Du-Pont, RL, KVEI, EFQM und Balanced Scorecard.

Letzteres ist vor allen anderen das verbreitetste Kennzahlensystem [Eicker, et al., 2005]. Einen typischen Aufbau einer Balanced Scorecard ist auf Abbildung 5.3 ersichtlich. Die Perspektiven Finanzen, Prozesse, Entwicklung und Kunde sind weit verbreitet, jedoch auch individuell austauschbar.

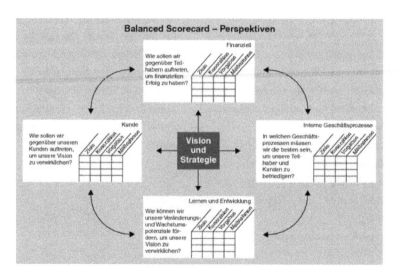

Abbildung 5.3: Die Balanced Scorecard [Weber]

Die Balanced Scorecard wurde Anfang der 1990er Jahre als Instrument der Unternehmensführung von den beiden Wirtschaftswissenschaftlern Robert S. Kaplan und David P. Norton an der Harvard Universität entwickelt [Kaplan, et al., 1997]. Auf Grund der der hohen Verbreitung und der Möglichkeit der individuellen Betrachtungsweisen wird das Modell der Balanced Scorecard als Vorlage für die Erstellung einer „Mobile Scorecard" [Fuchs, et al., 2008] herangezogen.

Eine solche Mobile Scorecard erhält die Perspektiven Sicherheit, Entwicklung, Prozesse, Kunden und Kosten, siehe Abbildung 5.4.

Das Thema Sicherheit wird von den drei wichtigsten Zielen der Informationssicherheit bestimmt: Vertraulichkeit, Integrität und Verfügbarkeit. Mobile Endgeräte und dessen Nutzer müssen bestimmte Sicherheitsstandards einhalten, damit unternehmensinterne Daten vertraulich bleiben. Datenverluste und -manipulationen müssen verhindert werden. Außerdem muss die Konnektivität zwischen Client und Server so gut wie möglich erhalten bleiben.

Im Bereich Entwicklung muss eine Akzeptanz der Nutzer bezüglich der mobilen Endgeräte stattfinden. Zudem ist das theoretische Potential der Software der realen Nutzung gegenüber zu stellen.

Die Prozess-Perspektive stellt den Grad der Effektivität und Effizienz fest. Beispielsweise kann ein Mitarbeiter ohne ein mobiles Endgerät während er auf seinen Flug wartet, nichts für das Unternehmen tun. Besitzt er ein solches Gerät, könnte er E-Mails beantworten. Freie Zeit würde sinnvoll genutzt, sodass z.B. Kunden schneller eine Antwort bekommen und Aufträge dementsprechend ebenfalls beschleunigt abgewickelt werden können.

Ziele	Kennzahlen
Sicherheit	
Systemstabilität	Verfügbarkeit
Erhöhung Datensicherheit	Risiko Datenverluste
Minimierung unerlaubter Zugriffe	Risiko unerlaubte Zugriffe
Entwicklung	
Steigerung Mitarbeiterzufriedenheit	Fehlzeitenquote, regelmäßige Befragungen
Erhöhung Fachkompetenz	Relation Schulung / IT-Budget
Verbesserung Innovationsfähigkeit	Produkt-/Serviceinnovationen
Prozesse	
Effizienzsteigerung Informationsprozesse	Durchschnittliche Bearbeitungszeit von e-mails
Bessere Nutzung von Wartezeiten	Kostenersparnis durch produktive Nutzung der Wartezeiten
Kunden	
Steigerung der Kundenzufriedenheit	Durchschnittlicher Wert der Kundenbefragung
Erhöhung der Kundenrentabilität	Durchschnittliche Kundenrentabilität
Erhöhung Image und Reputation	Durchschnittlicher Wert der Kundenbefragung
Kosten	
Minimierung Investitionskosten	Referenzprojekt stationäre Lösung
Minimierung Betriebskosten	Referenzprojekt stationäre Lösung

Abbildung 5.4: Mobile Scorecard [Fuchs, et al., 2008 S. 173]

Der Blick auf den Kundennutzen würde genau an dieser Stelle ansetzen. Zum einen können Kundenaufträge schneller abgewickelt werden und zum anderen steigt die Kundenzufriedenheit, wenn der Kunde kürzer auf eine Antwort warten muss.

Schließlich würde das Unternehmen Kosten einsparen, wenn sonst verlorene Zeit produktiv genutzt würde. Eine kurze Rechnung zeigt exemplarisch die Opportunitätskosten auf: Ein Mitarbeiter fliegt im Jahr durchschnittlich 7 Mal und wartet währenddessen 2h, von denen er effektiv rund 1,2h für E-Mail Beantwortung nutzen könnte. Bei einem Brutto-Stundensatz von 100€ ergibt sich ein jährliches Kosteneinsparungspotential von 10.080€ allein für diesen Mitarbeiter [Fuchs, et al., 2008 S. 175].

Auch ein Mitarbeiter, der sich nicht außerhalb des Unternehmens aufhält, sondern bspw. durch die Werkshalle läuft und mobiles ERP benutzt, spart Zeit ein, da er Maßnahmen direkt einleiten kann ohne dafür zu einem stationären Rechner gehen und dort entsprechende Eingaben vornehmen zu müssen.

6 Zusammenfassung

Smartphones, Tablet-PCs, Notebooks und Co. bestimmen zunehmend das moderne Leben. Auch Unternehmen sind vermehrt auf mobile Endgeräte aufmerksam geworden und setzen sie bereits im betrieblichen Alltag ein. Der mobile Mensch, und damit auch der mobile Mitarbeiter und der mobile Kunde, sind allgegenwärtig geworden. Ein Ende dieses Trends ist derzeit nicht abzusehen. Im Gegenteil wird die Entwicklung an mobilen Endgeräten weiter voran getrieben: Zum einen werden die Geräte an sich immer kleiner, leichter und schneller, und zum anderen verbessert sich die Übertragungstechnik (von 3G hinzu 4G) in Zukunft immer weiter.

Hybride Technologien, wie etwa Smartphones (Klassisches Mobiltelefon und PDA in einem Gerät), erlauben nicht nur das Telefonieren, sondern auch den Einsatz von mobilen Anwendungen. Exemplare betriebswirtschaftlicher, mobiler Anwendungen sind, neben E-Mail/SMS und weiterer PIM-Dienste, mobiles ERP und mobiles CRM.

Während die Verbreitung der klassischen PIM-Dienste auf mobilen Endgeräten hoch ist, finden komplexere mobile Anwendungen weit weniger Verwendung in deutschen Betrieben. Jedoch zeigt sich, dass ein gewisses Potential von den Entscheidern mittlerweile erkannt und Handlungsbedarf gesehen wird.

Betrachtet man die Liste an Argumente für und gegen den Einsatz von mobilen Geschäftsprozessen zeigt sich, dass grundsätzlich ein Überhang an Vorteilen besteht. Mögliche Anfangskosten bei der Integration der neuen mobilen Geschäftsprozesse in die alten, bereits bestehenden Prozesse, amortisieren sich schon nach einer relativ kurzen Zeit. Eine Quantifizierung des Nutzens ist mittels einer Mobile Scorecard möglich (analog zu einer Balanced Scorecard). Dadurch lässt sich im Controlling ein objektiv nachvollziehbarer, transparenter Erfolg ausweisen.

Ein hinreichend großes Unternehmen sollte also nach der Meinung des Autors in diesem Sinne überprüfen, inwiefern Handlungsbedarf angezeigt ist, und entsprechende Investitionsentscheidungen einleiten, um das eigene Unternehmen den modernen Anforderungen gerecht zu werden.

Literaturverzeichnis

Alt, R., Puschmann, T. und Österle, H. 2005. Erfolgsfaktoren im Customer Relationship Management. *Zeitschrift für Betriebswirtschaft.* 2005, 45.

Amberg, M. und Lang, M. 2011. *Innovation durch Smartphone & Co. Die neuen Geschäftspotenziale mobiler Endgeräte.* Düsseldorf : Symposion Publishing GmbH, 2011.

Aziz, Z., Anumba, C. und Law, K. Using context-awareness and web-services to enhance construction collaboration.

Berlecon. 2011. *Enterprise Mobility 2011. Bestandsaufnahme und Investitionspläne in deutschen Unternehmen.* Berlin : Pierre Adoin Consultants (PAC) GmbH, 2011.

Beurer-Zuellig, B. und Meckel, M. 2008. Smartphones Enabling Mobile Collaboration. *Proceedings of the 41st Hawaii International Conference on System Sciences.* 2008.

Bitkom. 2010. Smartphone-Absatz 2011 über der 10-Millionen-Marke. [Online] 15. 11 2010. [Zitat vom: 17. 07 2011.] http://www.bitkom.org/de/presse/66442_65897.aspx.

Bond, B., Genovese, Y. und Miklovic, N. 2000. *ERP is Dead - Long Live ERP II.* s.l. : Gartner, 2000.

Book, M., et al. 2005. Der Einfluss verschiedener Mobilitätsgrade auf die Architektur von Informationssystemen. [Buchverf.] J. F. Hampe, et al. *Mobile Business – Processes, Platforms, Proceedings zur 5.Konferenz Mobile Commerce Technologien und Anwendungen (MCTA 2005).* Augsburg : Lecture Notes in Informatics (LNI), 2005.

Briegleb, V. 2010. Bitkom: Smartphone-Boom setzt sich 2011 fort. *Heise mobil.* [Online] 15. 11 2010. [Zitat vom: 17. 07 2011.] http://heise.de/-1136553.

Bulander, R. 2008. *Customer-Relationship-Management-Systeme unter Nutzung mobiler Endgeräte.* Karlsruhe : Universitätsverlag Karlsruhe, 2008.

Büllingen, F., Hillebrand, A. und R.G., Schäfer. 2010. *Nachfragestrukturen und Entwicklungspotenziale von Mobile Business-Lösungen im Bereich KMU.* Bad Honnef : WIK-Consult, 2010.

Burell, J. und Gay, K. 2001. Collectively defining context in a mobile, networked computing environment. *Short talk summary in CHI 2001 Extended abstracts.* 2001, May.

Buse, S. 2002. Der mobile Erfolg – Ergebnisse einer empirischen Untersuchung in ausgewählten Branchen. [Buchverf.] Frank Keuper. *Electronic-Business und Mobile-Business – Ansätze, Konzepte und Geschäftsmodelle.* Wiesbaden : Gabler Verlag, 2002, S. 91-116.

Claus, V. 2006. *Duden Informatik.* Mannheim et al. : Bibliographisches Institut, 2006.

CWR Mobility BV. 2011. CWR Mobile CRM v4.2 for Microsoft Dynamics CRM for iPhone. *CNET.* [Online] 27. 03 2011. [Zitat vom: 17. 07 2011.] http://download.cnet.com/CWR-Mobile-CRM-v4-2-for-Microsoft-Dynamics-CRM/3000-2064_4-75156093.html.

Davenport, T. H. 1993. *Process innovation: reengeering work through information technology.* Boston, Mass. : Harvard Business School Press, 1993.

Dospinescu, O., et al. 2008. Mobile Enterprise Resource Planning: New Technology Horizons. *Communications of the IBIMA.* 2008, Volume 1, Number 11.

Eicker, S., Kress, S. und Lelke, F. 2005. Kennzahlengestützte Geschäftssteuerung im Dienstleistungssektor – Ergebnisse einer empirischen Untersuchung. *Zeitschrift für Conrolling und Management.* 2005, 06.

Ennigrou, E. 2002. mySAP mobile Business. Strategie, Applikationen und Technologie. [Buchverf.] D. Hartmann. *Geschäftsprozesse mit Mobile Computing.* Braunschweig : Vieweg, 2002.

Flowgistics. 2010. Mobile ERP für iPhone, iPod touch und iPad im iTunes App Store. *iTunes.* [Online] 30. 04 2010. [Zitat vom: 17. 07 2011.] http://itunes.apple.com/de/app/mobile-erp/id358100184?mt=8.

Fuchs, B. und Ritz, T. 2008. Kosten-Nutzen-Bewertungen bei mobilen Anwendungen. [Buchverf.] M.H. Breitner, et al. *Mobile und Ubiquitäre Informationssysteme - Technologien, Prozesse, Marktfähigkeit.* Bonn : Gesellschaft für Informatik, 2008.

Gladen, W. 2003. *Kennzahlen- und Berichtssysteme.* Wiesbaden : Gabler Verlag, 2003.

Gronau, N. 2010. *Enterprise Resource Planning.* München : Oldenbourg, 2010.

Hampe, J. F. und Schwabe, G. 2002. Mobiles Customer Relationship Management. [Buchverf.] R. Reichwald. *Mobile Kommunikation.* Wiesbaden : Gabler, 2002.

Handy-FAQ.de. 2010. Sybase Mobile Sales & Workflow. [Online] 17. 03 2010. [Zitat vom: 17. 07 2011.] http://www.handy-faq.de/forum/iphone_forum/130826-sybase_mobile_sales_and_workflow_sybase_inc.html.

Hippner, H. und Wilde, K. D. 2006. *Grundlagen des CRM.* Wiesbaden : Gabler Verlag, 2006.

Holland, H. 2001. Customer Relationship Management (CRM). *Gabler Wirtschaftslexikon.* [Online] 2001. [Zitat vom: 01. 07 2011.] http://wirtschaftslexikon.gabler.de/Archiv/5072/customer-relationship-management-crm-v8.html.

Holthoefer, N. 3. Grundlagen klassischer PPS-Ansätze (MRP-II). *Logistics.* [Online] [Zitat vom: 17. 07 2011.] http://logistics.de/downloads/a3/95/i_file_10411/3-Grundlagen-PPS-MRP-II.pdf.

Houy, C., Fettke, P. und Loos, P. 2010. Mobiles Customer Relationship Management - Untersuchung des praktischen Einsatzes in Deutschland. [Buchverf.] M. Bick, et al. *Mobile und Ubiquitäre Informationssysteme.* Bonn : Gesellschaft für Informatik, 2010.

Hsu, C. F. und Lin, Shinn-Jong. 2008. mCRM´s New Opportunities of Customer Satisfaction. *International Journal of Human and Social Sciences.* 2008.

Intel. 2010. Helping Define 802.11n and other Wireless LAN Standards. *Intel.* [Online] 2010. [Zitat vom: 17. 07 2011.] http://www.intel.com/standards/case/case_802_11.htm.

ITWissen. UMTS-Übertragungsrate. *ITWissen.* [Online] [Zitat vom: 17. 07 2011.] http://www.itwissen.info/definition/lexikon/UMTS-Uebertragungsrate-UMTS-transmission-rate.html.

Jannasch, J. 2005. Erfolgsfaktoren mobiler, integrierter Geschäftsprozesse. Frankfurt (Oder) : European University Viadrina, 2005.

Kaplan, R. und Norton, D. 1997. *Balanced Scorecard. Strategien erfolgreich umsetzen.* Stuttgart : Schäffer-Poeschel-Verlag, 1997.

Khodawandi, D., Pousttchi, K. und Winnewisser, C. 2003. Mobile Technologie braucht neue Geschäftsprozesse. 2003.

Köhler, A. und Gruhn, V. 2004. Mobile Process Landscaping am Beispiel von Vertriebsprozessen in der Assekuranz. *Mobile Economy - Transaktionen, Prozesse, Anwendungen und Dienste. Proceedings zum 4. Workshop Mobile Commerce.* 2004.

Konradin. 2009. *Einsatz von ERP-Lösungen in der Industrie.* Leinfelden-Echterdingen : Konradin, 2009.

Kraft, M. 2007. *Kundenbindung und Kundenwert.* Heidelberg : Physica-Verlag, 2007.

Küpper, A., Reiser, H. und Schiffers, M. 2004. Mobilitätsmanagement im Überblick: Von 2G zu 3,5G. *PIK — Praxis der Informationsverarbeitung und Kommunikation.* 2004, 2.

Kurbel, K. 2011. *Enterprise Resource Planning und Supply Chain Management in der Industrie.* München : Oldenbourg, 2011.

Kurbel, K. und Krybus, I. 2006. Untersuchung zu praktischem Einsatz und Nutzeffekten des Mobile-Business. [Buchverf.] T. Kirste, et al. *Mobilität und Mobile Informationssysteme (MMS).* Passau : Gesellschaft für Informatik, 2006.

Kurbel, K., Dabkowski, A. und Jankowska, A. M. 2003. A Multi-tier Architecture for Mobile Enterprise Resource Planning. Frankfurt (Oder) : European University Viadrina, 2003.

Lehner, F. 2003. *Mobile und drahtlose Informationssysteme.* Berlin : Springer, 2003.

Lynass, W. 2010. iMExchange 2 für iPhone, iPod touch und iPad im iTunes App Store. *iTunes.* [Online] 19. 10 2010. [Zitat vom: 17. 07 2011.] http://itunes.apple.com/de/app/imexchange-2/id390716055.

Manhart, K. 2009. Klassische CRM-Lösungen im Überblick. *TECCHANNEL.* [Online] 04. 02 2009. [Zitat vom: 17. 07 2011.] http://www.tecchannel.de/server/sql/1781012/crm_software_customer_relationship_man agement/index6.html.

Maske, P. 2009. Mobile Business SS2009. *Institut für Wirtschaftsinformatik.* [Online] 04. 03 2009. [Zitat vom: 17. 07 2011.] http://www.iwi.uni-hannover.de/cms/images/stories/upload/lv/sosem09/mbusi/veranstaltung_7_color.pdf.

Meier, R. 2002. *Generierung von Kundenwert durch mobile Dienste.* Wiesbaden : Deutscher Universitäts-Verlag, 2002.

Michel, J. 2010. Ratgeber: Das Smartphone im klassischen Business-Einsatz. *Teltarif.* [Online] 12. 04 2010. [Zitat vom: 17. 07 2011.] http://www.teltarif.de/smartphone-business/news/38324.html.

Mielke, C. 2002. *Geschäftsprozesse. UML-Modellierung und Anwendungs-Generierung.* Heidelberg; Berlin : Spektrum, Akad. Verl., 2002.

Morlang, C. 2005. *mCRM - Customer Relationship Management im mobilen Internet.* Marburg : Tectum Verlag, 2005.

Pettey, C. und Goasduff, L. 2011. Gartner Says Worldwide Mobile Device Sales to End Users Reached 1.6 Billion Units in 2010; Smartphone Sales Grew 72 Percent in 2010. *Gartner.* [Online] 9. 2 2011. [Zitat vom: 17. 07 2011.] http://www.gartner.com/it/page.jsp?id=1543014.

Pietsch, T. und Lang, C. V. 2007. *Ressourcenmanagement: Umsetzung, Effizienz und Nachhaltigkeit mit IT.* Berlin : E. Schmidt Verlag, 2007.

Pousttchi, K. und Thurnher, B. 2006. Einsatz mobiler Technologie zur Unterstützung von Geschäftsprozessen. [Buchverf.] J. Sieck und M. A. Herzog. *Wireless Communication and Information.* Aachen : Shaker Verlag, 2006.

Reichwald, R., Meier, R. und Fremuth, N. 2002. Die mobile Ökonomie – Definition und Spezifika. [Buchverf.] R. Reichwald. *Mobile Kommunikation – Wertschöpfung, Technologie, neue Dienste.* Wiesbaden : Gabler, 2002.

Ritter, B. 2005. *Enterprise Resource Planning (ERP). Pflichtenhefterstellung und Evaluation.* Heidelberg : mitp-Verlag, 2005.

Roman, G.-C., Picco, G. P. und Murphy, A. L. 2000. Software Engineering for Mobility: A Roadmap. *The Future of Software Engineering.* 2000.

Rupp, S. und Siegmund, G. 2004. *Java in der Telekommunikation. Grundlagen, Konzepte, Anwendungen.* Heidelberg : Dpunkt Verlag, 2004.

Schiller, J. 2003. *Mobilkommunikation.* München : Pearson Studium, 2003.

Schulze, J., Bach, V. und Österle, H. 2000. Customer Relationship Management. *HMD - Praxis der Wirtschaftsinformatik.* 2000, 212.

Schwickert, A. und Fischer, K. 1996. Der Geschäftsprozeß als formaler Prozeß – Definition, Eigenschaften und Arten. *Arbeitspapiere WI, Nr. 4/1996.* Mainz : Lehrstuhl für Allg. BWL und Wirtschaftsinformatik, Johannes Gutenberg-Universität, 1996.

Stahlknecht, P. und Hasenkamp, U. 2005. *Einführung in die Wirtschaftsinformatik.* Berlin et al. : Springer, 2005.

Thylmann, M. und Breul, M. 2010. Bald mehr als fünf Milliarden Mobilfunkanschlüsse. *Bitkom.* [Online] 28. 07 2010. [Zitat vom: 17. 07 2011.] http://www.bitkom.org/files/documents/BITKOM_Presseinfo_Handynutzer_weltweit_28_07_2010.pdf.

Tiwari, R. und Buse, S. 2007. *The mobile commerce prospects : a strategic analysis of opportunities in the banking sector.* Hamburg : Hamburg Univ. Press, 2007.

Tschersich, M. 2010. Was ist ein mobiles Endgerät? *Mobile Zeitgeist. Trends, Anwendungen und Gedanken zum Mobile Business.* [Online] 09. 03 2010. [Zitat vom: 17. 07 2011.] http://www.mobile-zeitgeist.com/2010/03/09/was-ist-ein-mobiles-endgeraet/.

Turowski, K. und Pusttchi, K. 2004. *Mobile Commerce – Grundlagen und Techniken.* Berlin et al. : Springer, 2004.

Uni-Giessen, Zentraler Medien-Service. Stylesheets (CSS). [Online] [Zitat vom: 17. 07 2011.] http://www.uni-giessen.de/cms/fbz/svc/zms/schulung/webtechniken/stylesheets.

Valiente, P. und van der Heijden, H. 2002. A method to identify oppotunities for mobile business processes. *SSE/EFI Working Paper Series in Business Administration.* 2002, 10.

W3C. Cascading Style Sheets. [Online] [Zitat vom: 17. 07 2011.] http://www.w3.org/Style/CSS/.

Weber, J. Definition: Balanced Scorecard. *Wirtschaftslexikon Gabler.* [Online] [Zitat vom: 17. 07 2011.] http://wirtschaftslexikon.gabler.de/Definition/balanced-scorecard.html.

Weiser, M. 1991. The computer for the 21st Century. *Scientific American.* 1991, 265.

Wermke, M., et al. 2001. *Duden – Die deutsche Rechtschreibung.* Mannheim et al. : Dudenverlag, 2001.

Whittaker, S., Bellotti, V. und Moody, P. 2005. Introduction to this special issue on revisiting and reinventing E-Mail. *Human-Computer Interaction.* 2005, 20.

Ziberg, C. 2011. Unofficial: Apple approves 500,000 App Store apps in 34 months. *9to5Mac.* [Online] 24. 05 2011. [Zitat vom: 17. 07 2011.] http://9to5mac.com/2011/05/24/unofficial-apple-approves-500000-app-store-apps-in-34-months/.